This Fruits & Veggies alphabet and numbers coloring book belongs to

_____

_____

_____

_____

_____

_____

Aa

¡Trace the letters with a pencil

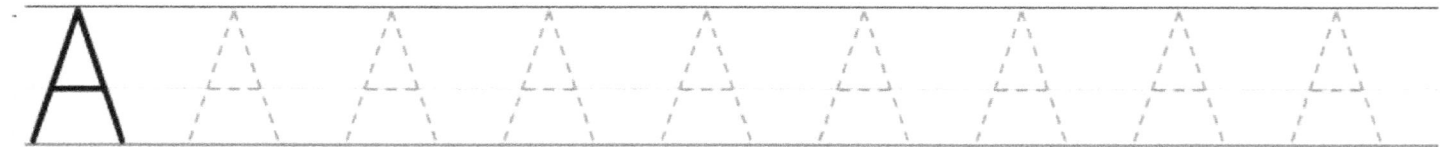

A A A A A A A A A A A A

A A A A A A A A A A A A

a a a a a a a a a a

a a a a a a a a a

Avocado

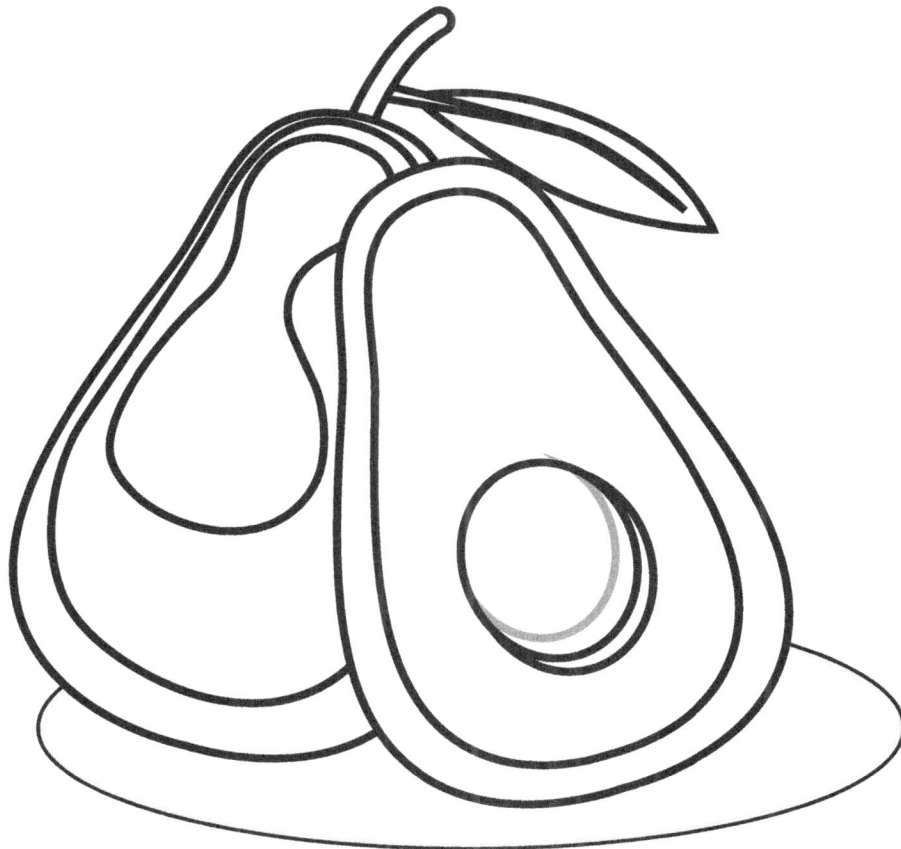

B b

Trace the letters with a pencil

B B B B B B B B B

B B B B B B B B B

b b b b b b b b b

b b b b b b b b b

Banana

Cc

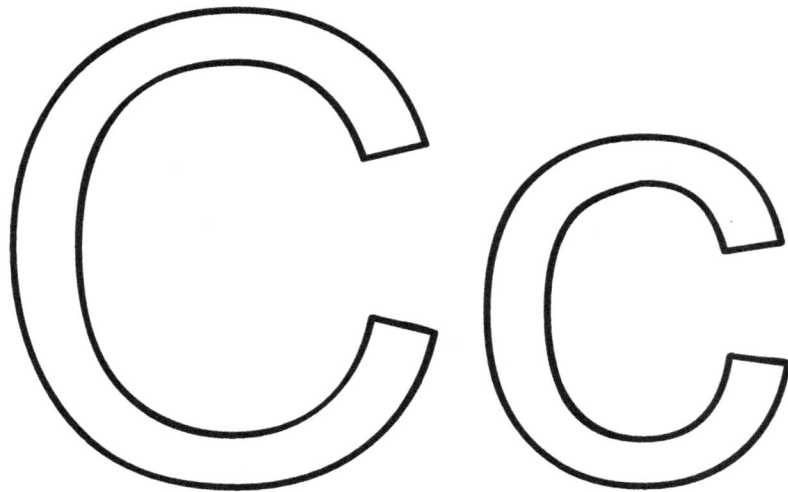

Trace the letters with a pencil

C C C C C C C C C

C C C C C C C C C

C C C C C C C C C

C C C C C C C C C

Carrot

D d

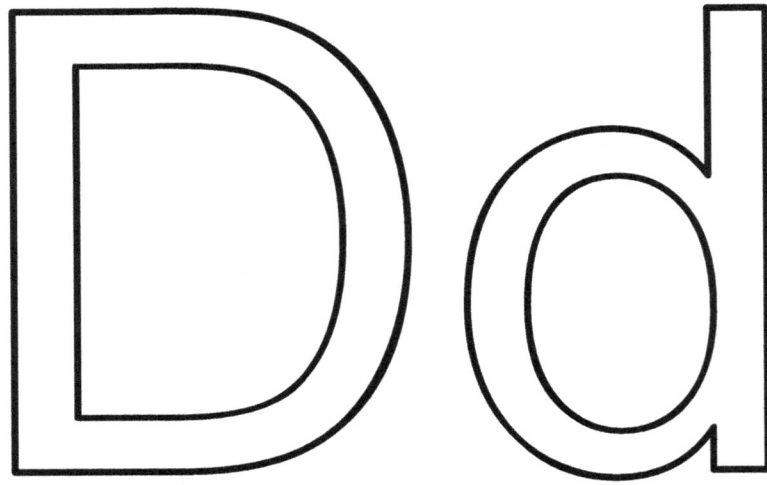

Trace the letters with a pencil

D D D D D D D D D D D

D D D D D D D D D D D

d d d d d d d d d d

d d d d d d d d d

Dd

Daikon Radish

E e

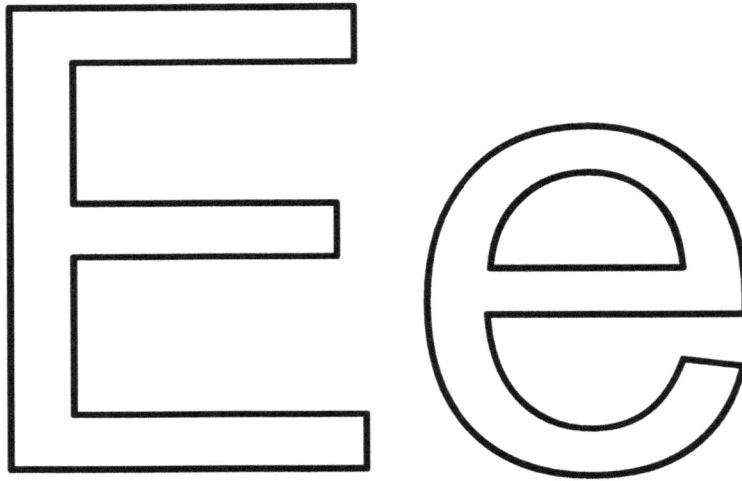

Trace the letters with a pencil

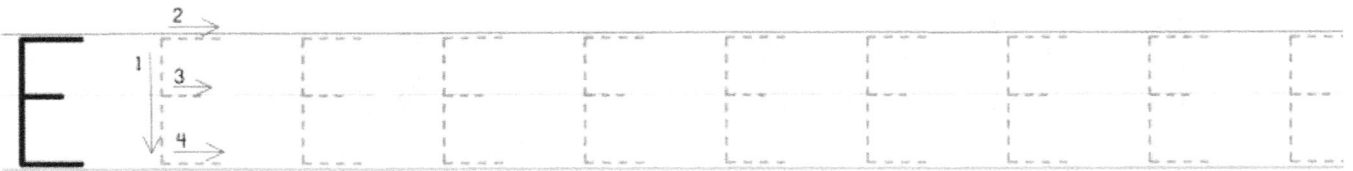

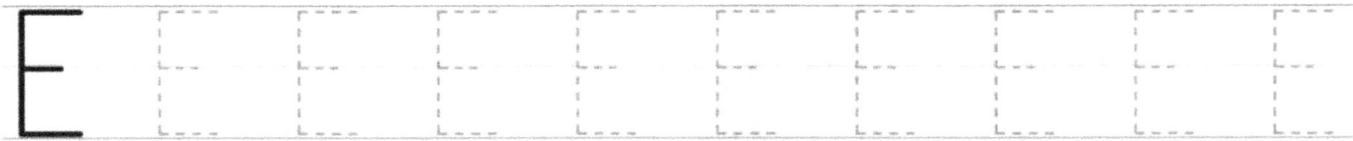

E

E

e

e

Eggplant

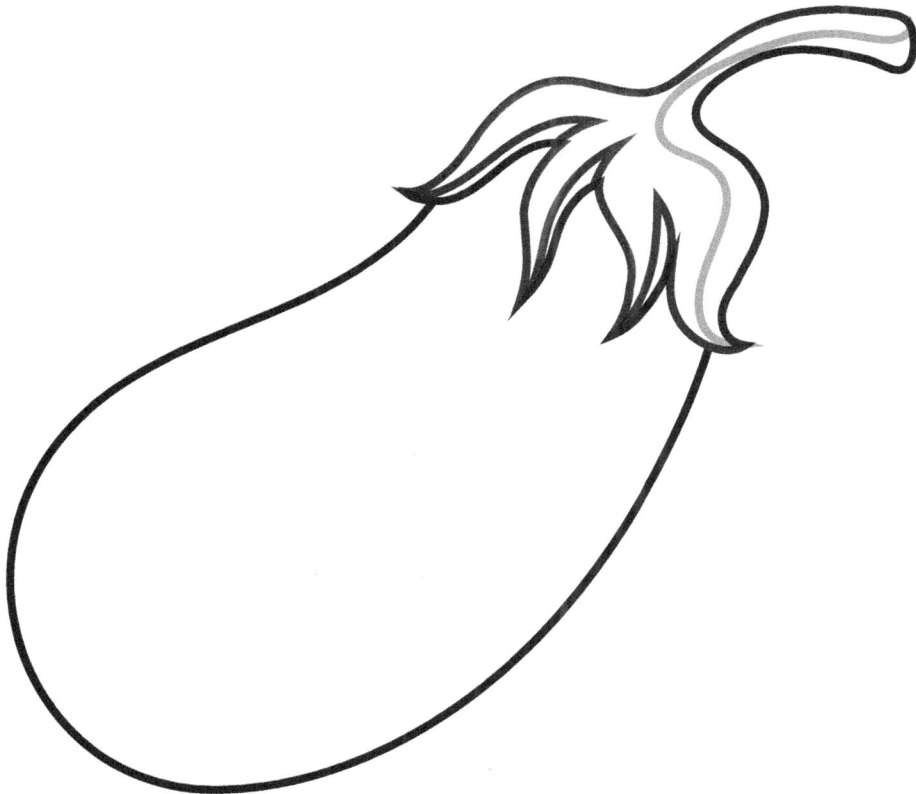

F f

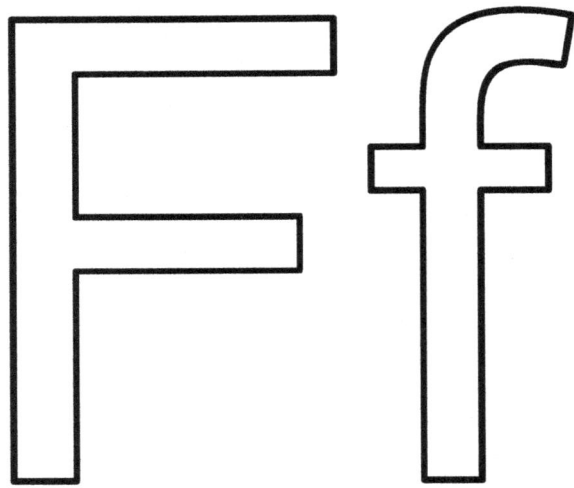

Trace the letters with a pencil

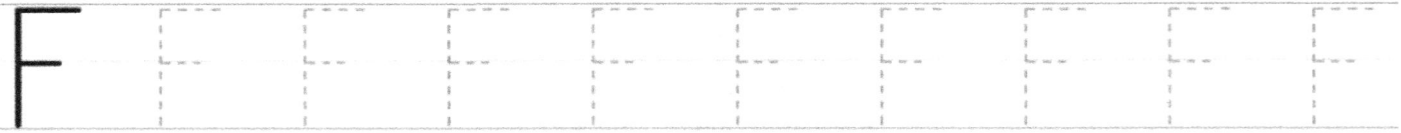

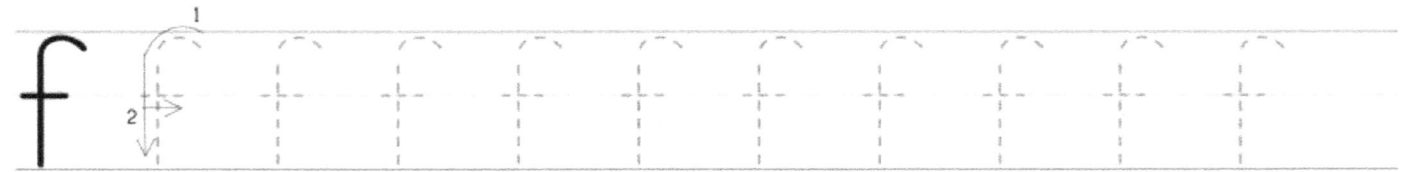

F

F

f

f

Fig

Gg

Trace the letters with a pencil

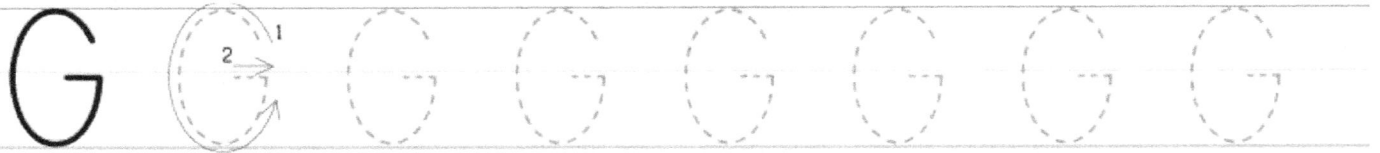

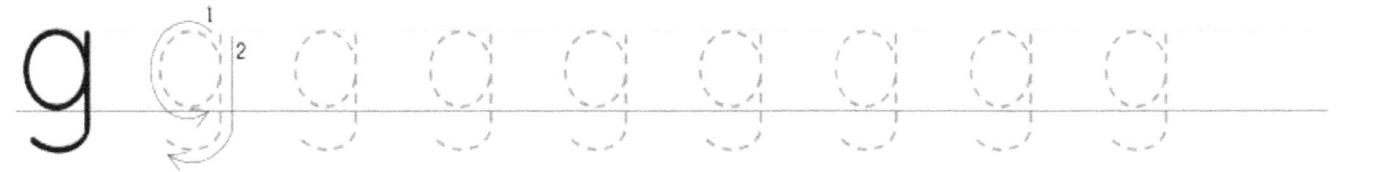

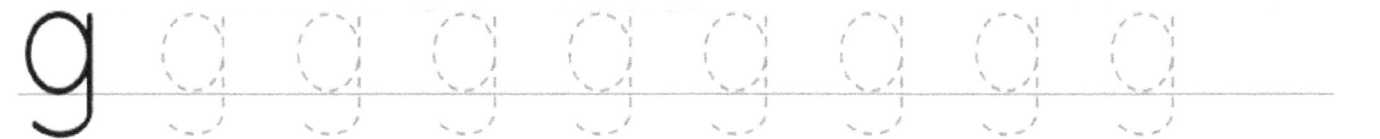

G G G G G G G G

G G G G G G G G

g g g g g g g g g

g g g g g g g g g

Grapefruit

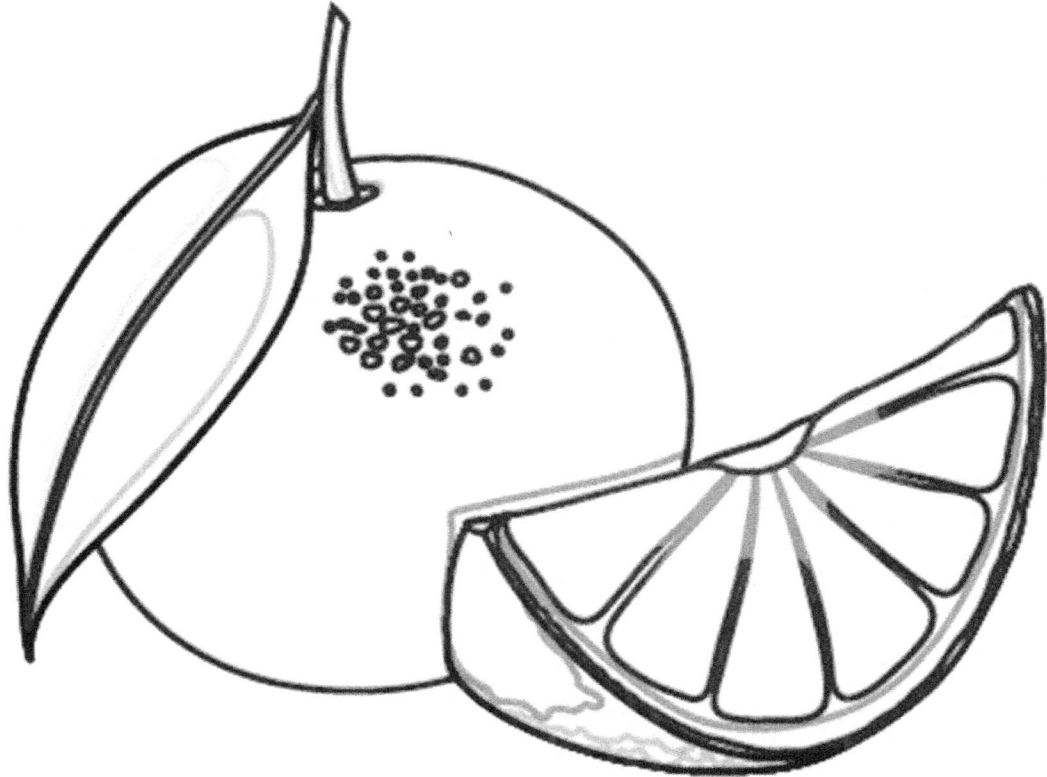

Hh

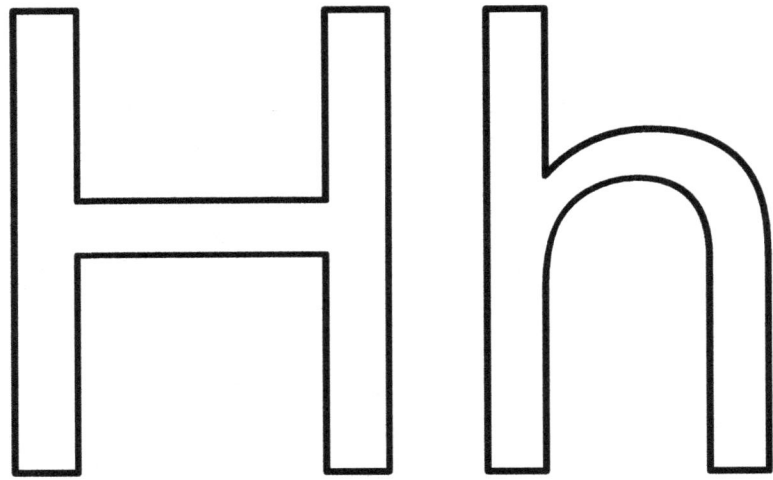

Trace the letters with a pencil

H

H

h

h

Hh

Honey Dew Melon

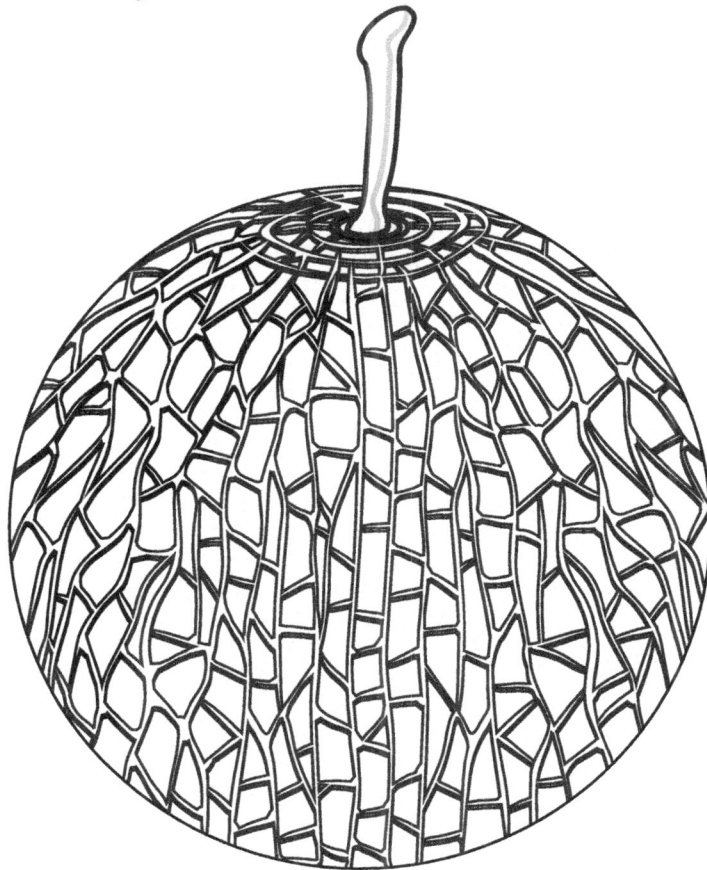

Ii

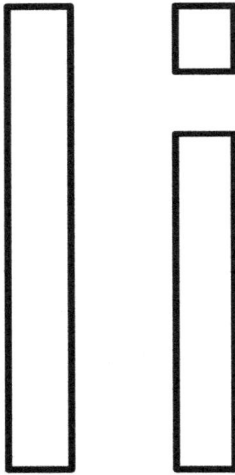

Trace the letters with a pencil

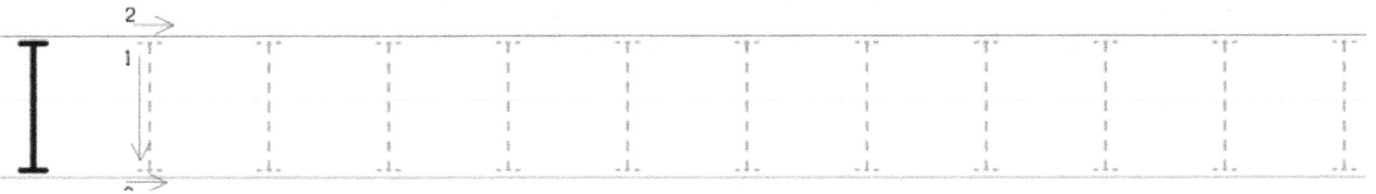

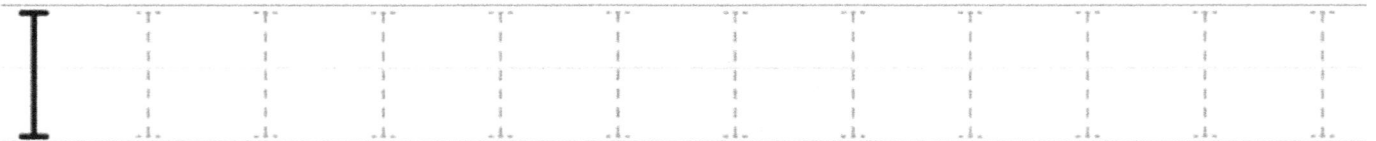

Iceberg Lettuce

Jj

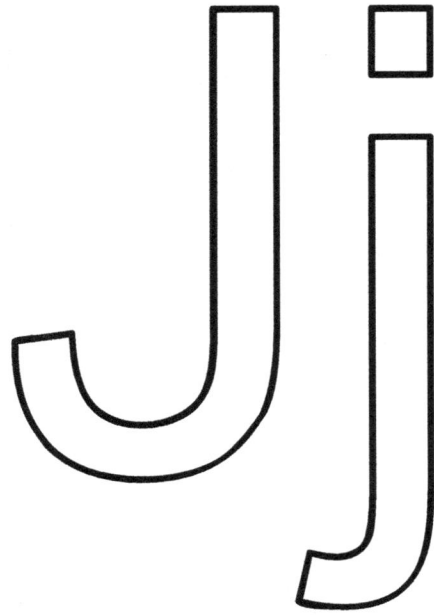

Trace the letters with a pencil

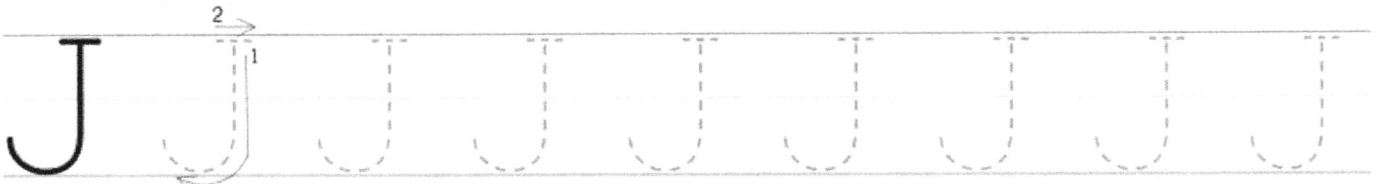

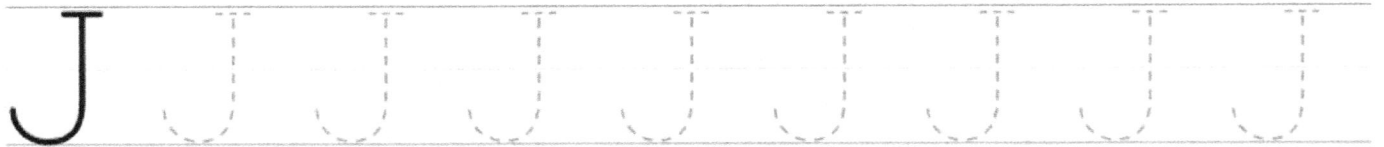

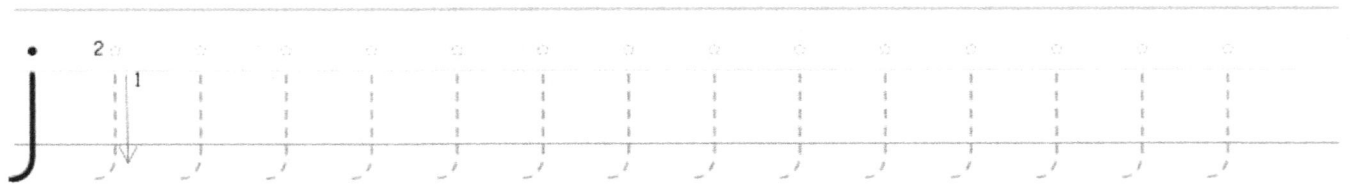

J J J J J J J J J J J

J J J J J J J J J J J

j j j j j j j j j j j j j j j

j j j j j j j j j j j j j j j

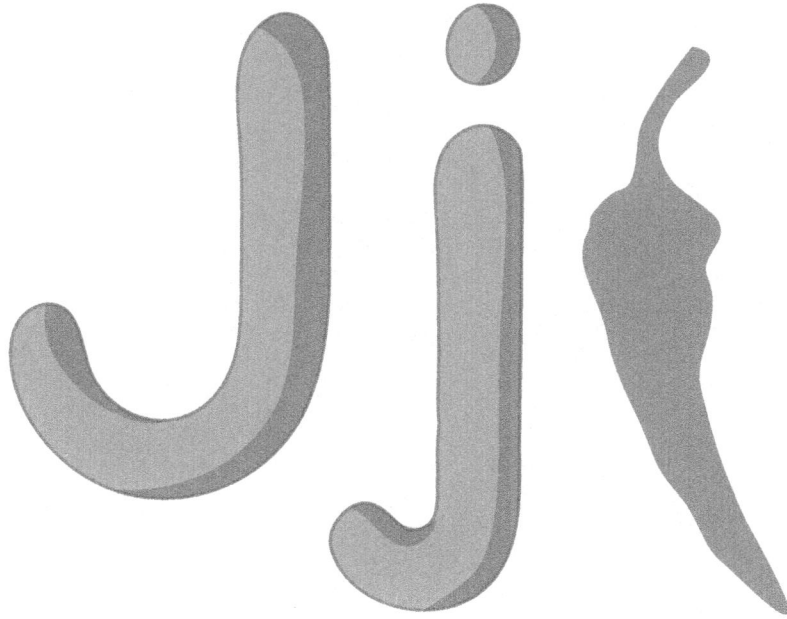

Jalapeno

Kk

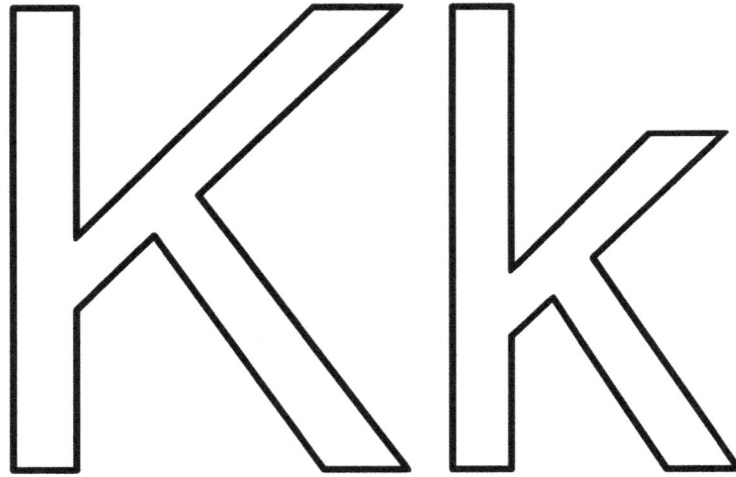

Trace the letters with a pencil

K K K K K K K K K K K

K K K K K K K K K K K

k k k k k k k k k k k

k k k k k k k k k k k

K k

Kiwi

L l

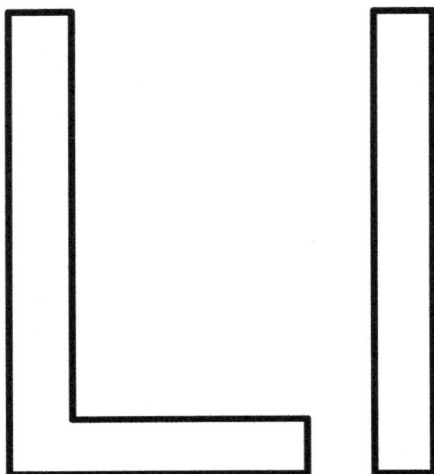

Trace the letters with a pencil

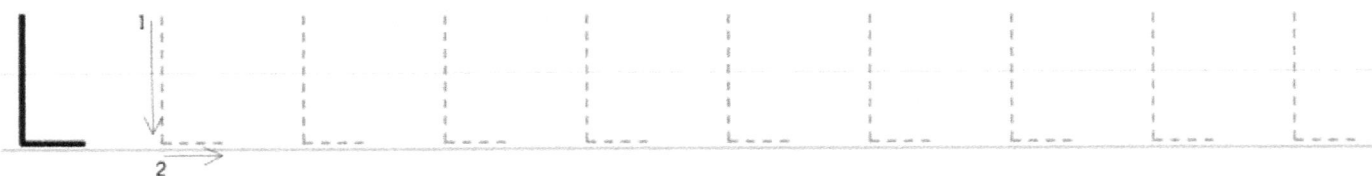

L   1 ↓   2 →

Lemon

M m

M M M M M M M M M M M

M M M M M M M M M M M

m m m m m m m m

m m m m m m m

Mm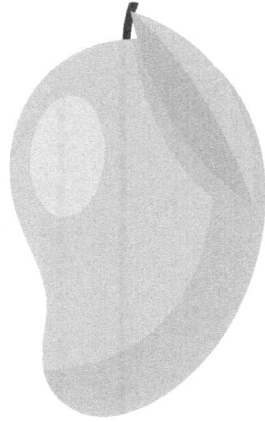

Mango

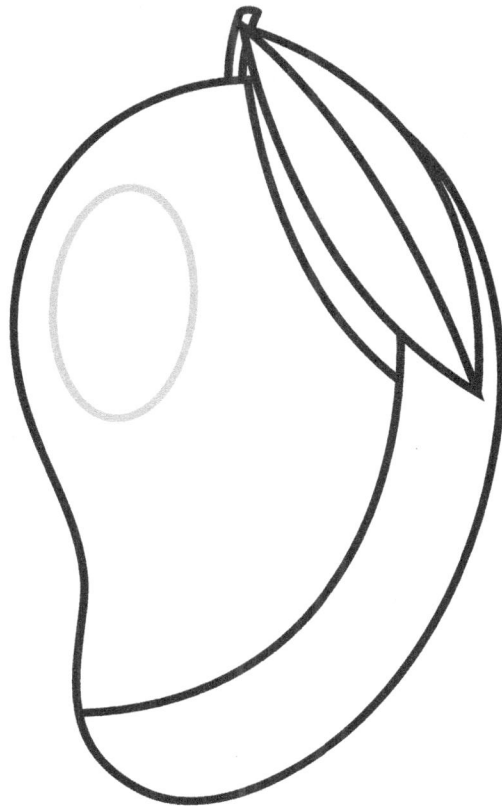

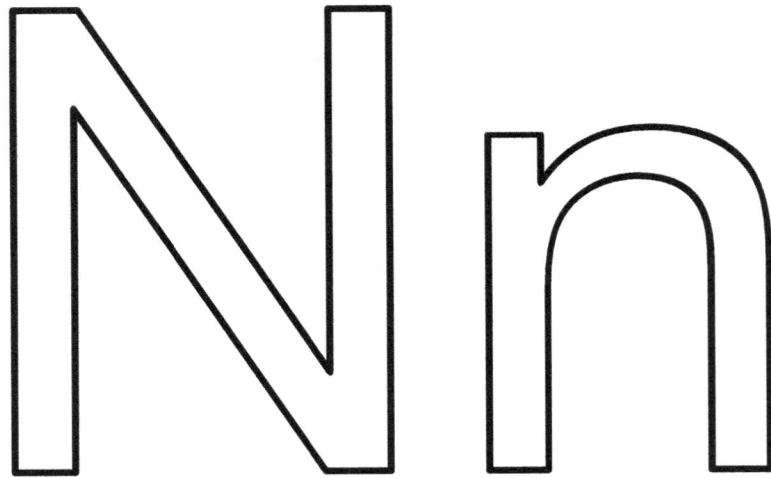

Trace the letters with a pencil

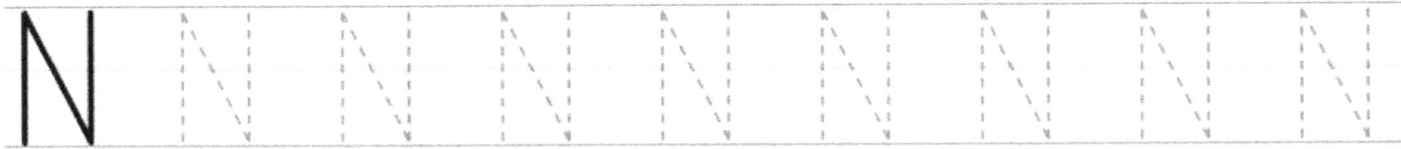

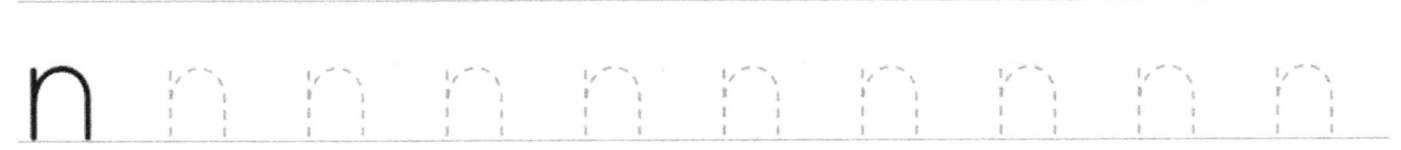

Nectarine

Oo

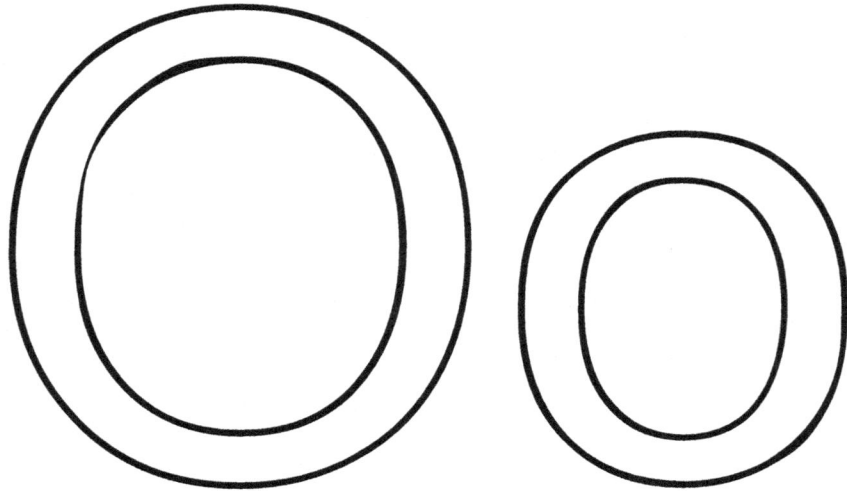

Trace the letters with a pencil

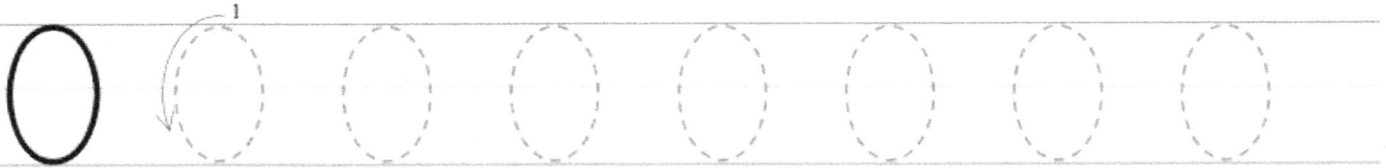

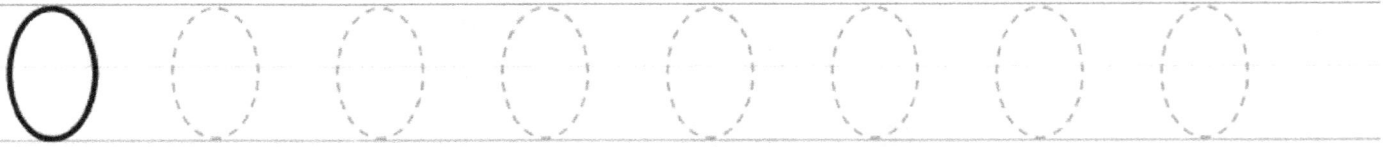

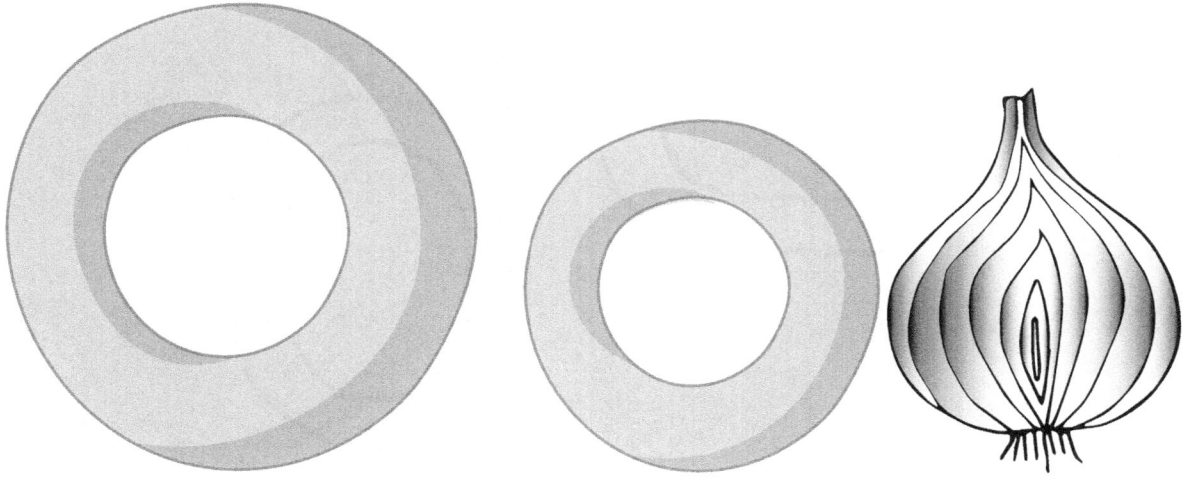

Onion

P p

Trace the letters with a pencil

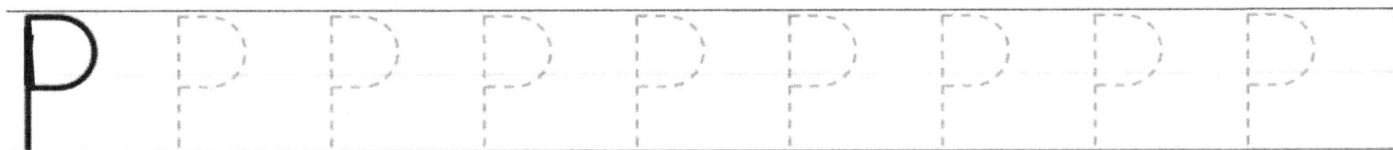

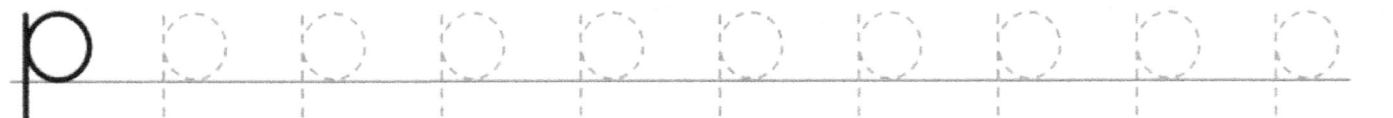

P P P P P P P P P

P P P P P P P P

p p p p p p p p p

p p p p p p p p p

Peas

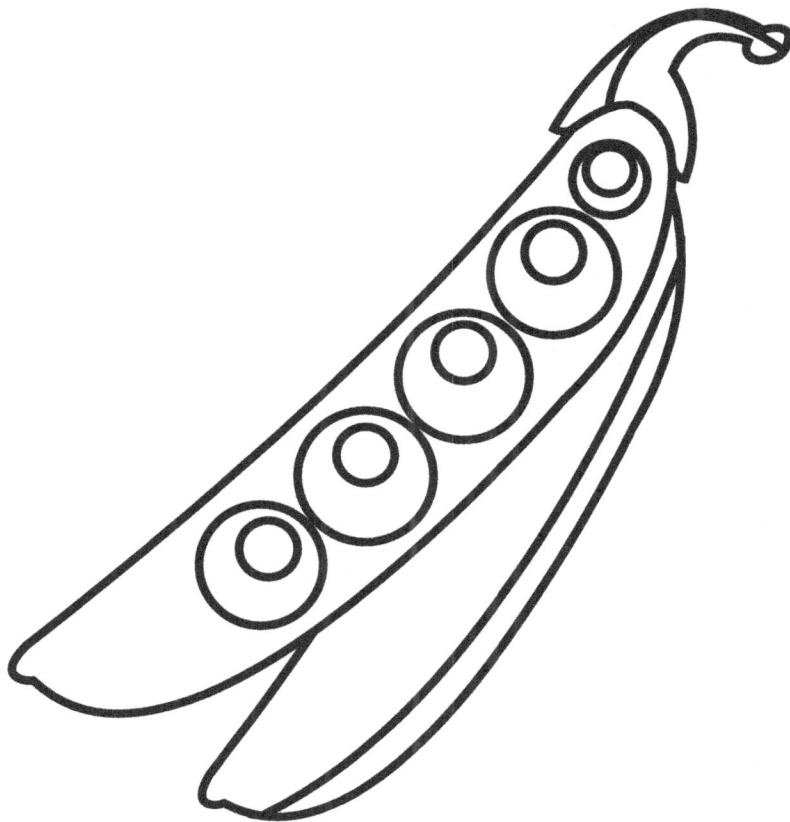

Qq

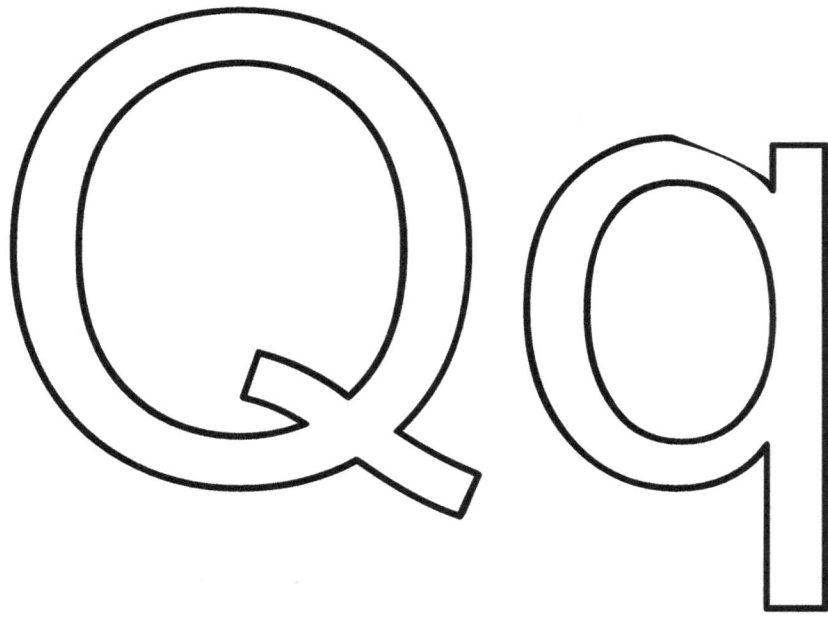

Trace the letters with a pencil

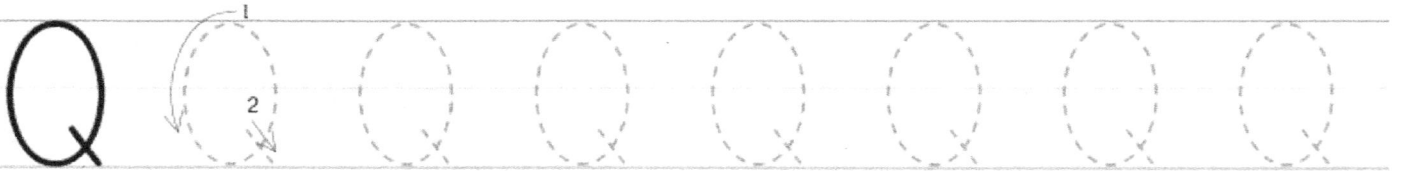

Quince

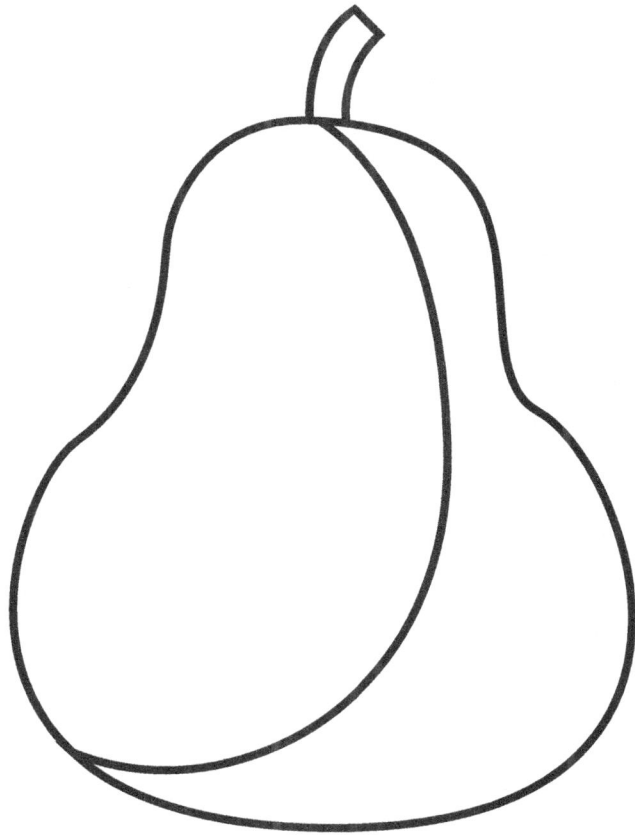

Rr

Trace the letters with a pencil

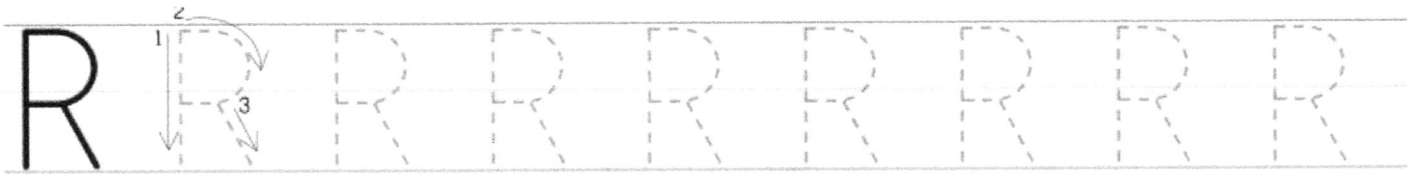

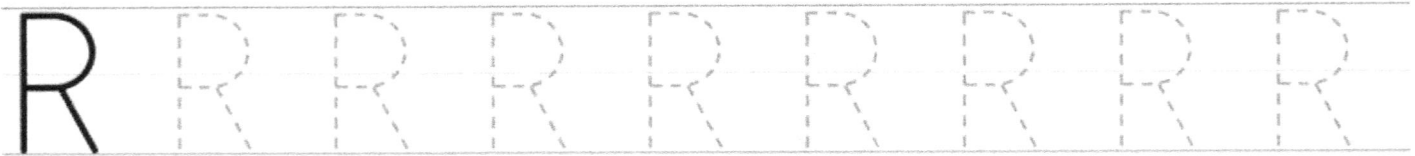

R R R R R R R R R

R R R R R R R R

r r r r r r r r r r r

r r r r r r r r r r r r

Radish

S s

Trace the letters with a pencil

S S S S S S S S S S

S S S S S S S S S S

s s s s s s s s s s

s s s s s s s s s s

Strawberry

T t

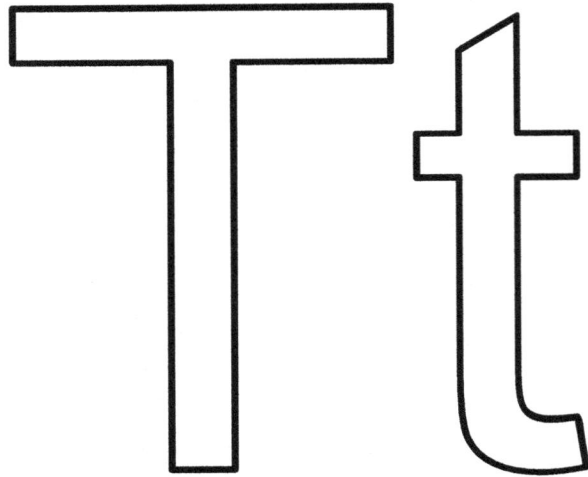

Trace the letters with a pencil

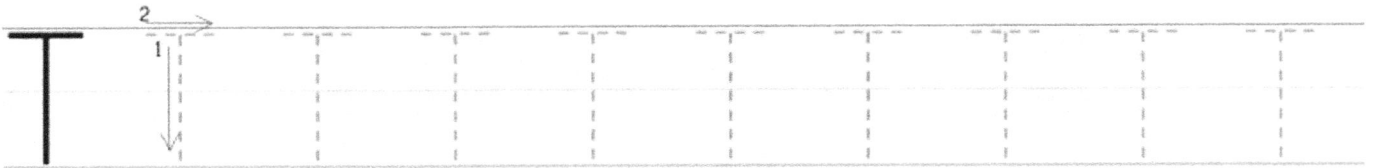

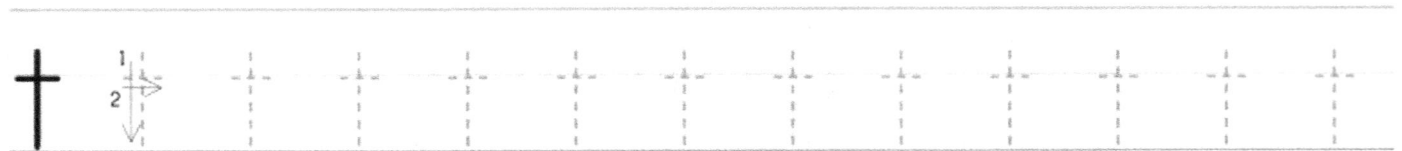

Tangerine

Uu

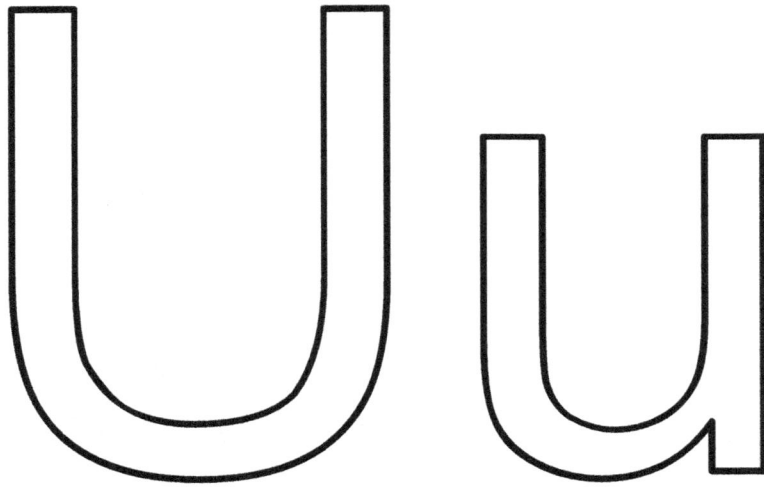

Trace the letters with a pencil

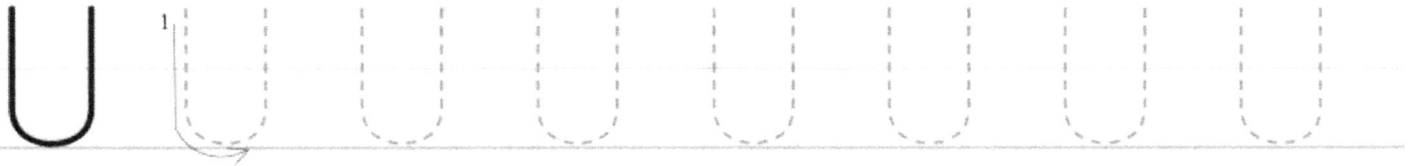

Uu

Ugli Fruit

V v

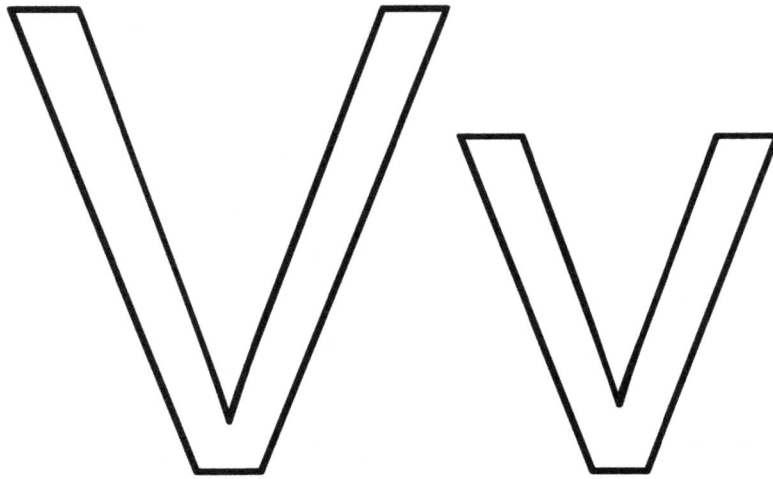

Trace the letters with a pencil

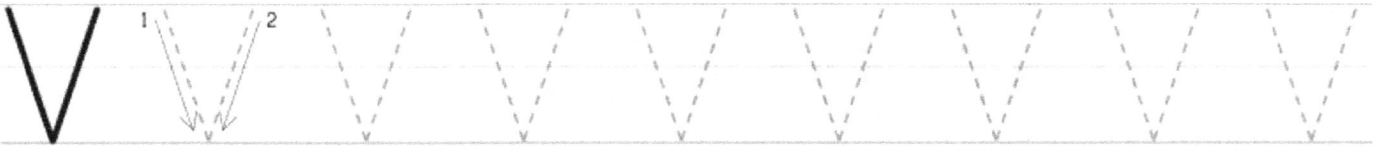

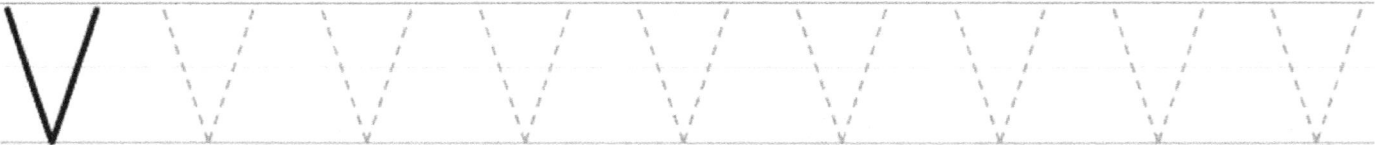

V V V V V V V V V V V

V V V V V V V V V V V

v v v v v v v v v v v

v v v v v v v v v v v

Vegetables

Ww

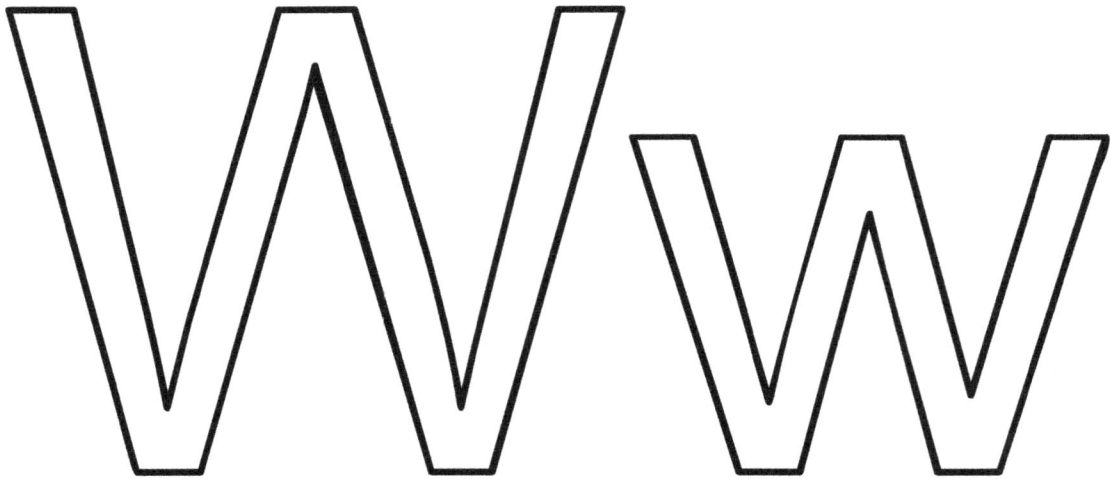

Trace the letters with a pencil

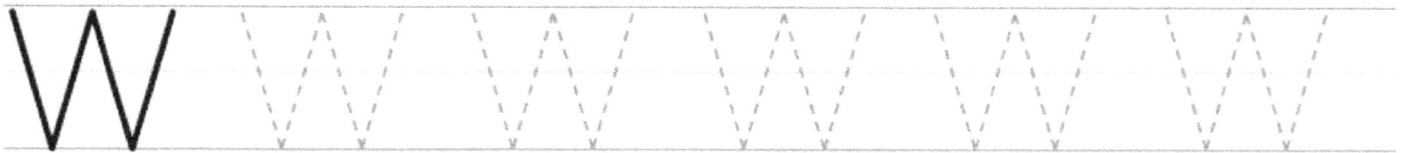

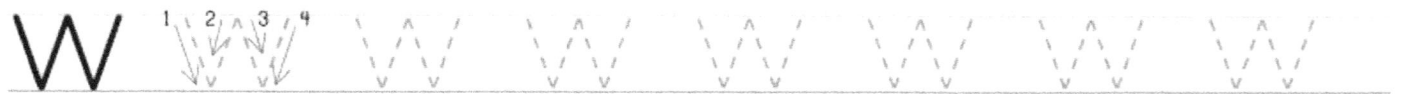

W

W

W

W

Watermelon

Xx

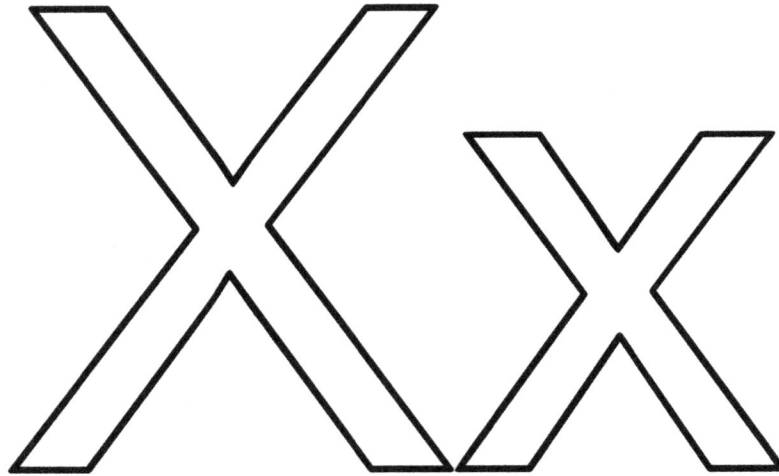

Trace the letters with a pencil

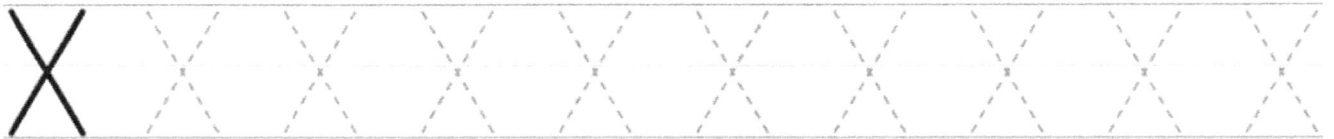

X   X   X   X   X   X   X   X   X   X   X   X

X   X   X   X   X   X   X   X   X   X   X

x   x   x   x   x   x   x   x   x   x   x   x

x   x   x   x   x   x   x   x   x   x   x

Ximenia

Y y

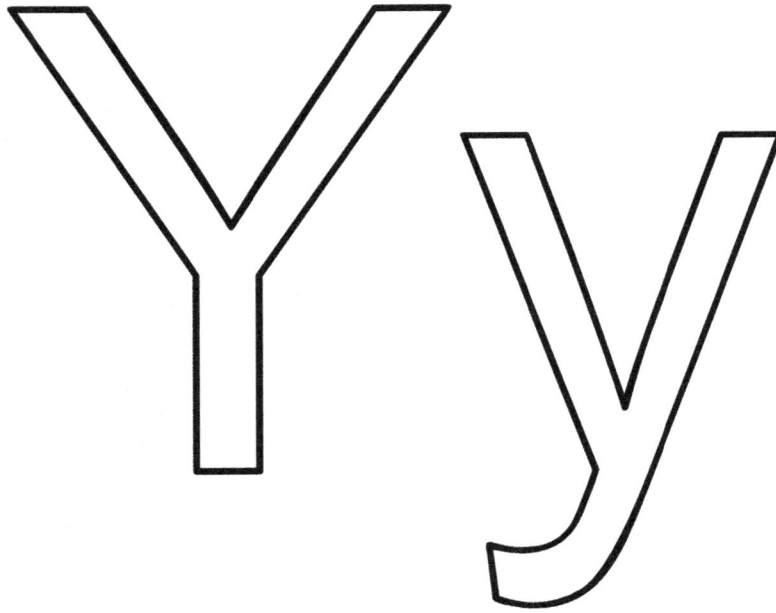

Trace the letters with a pencil

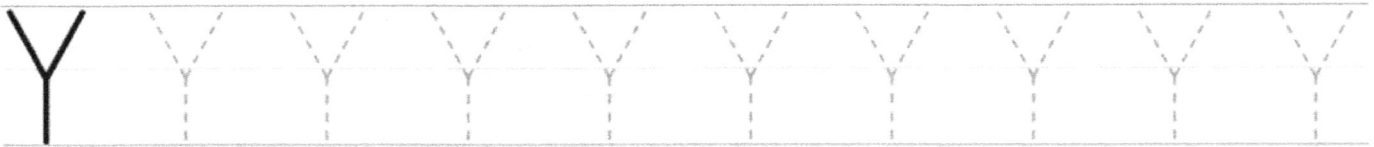

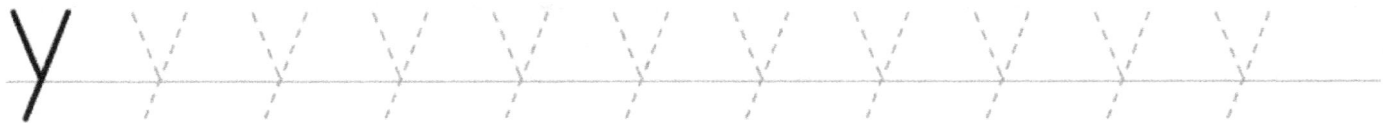

Y

Y

y

y

Yy

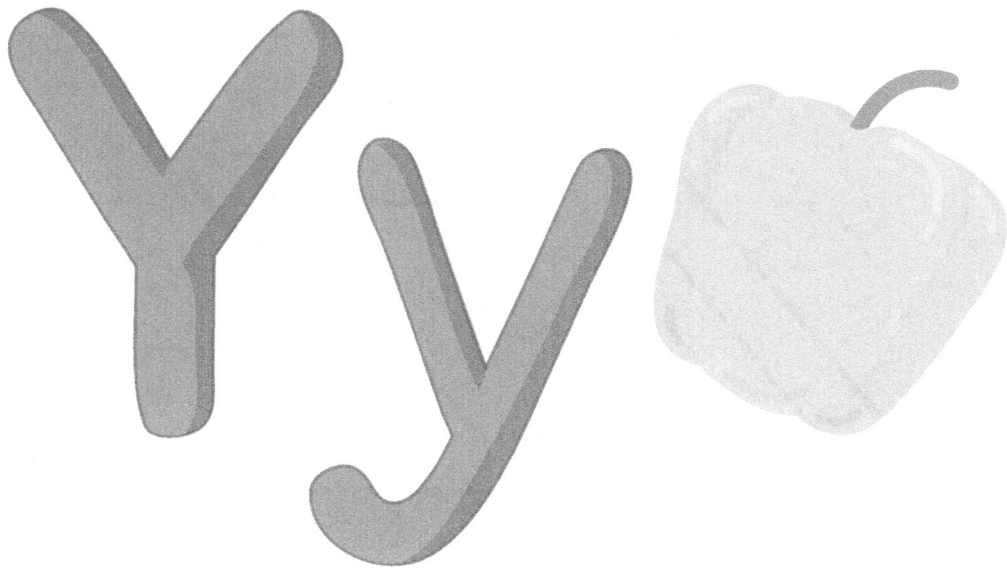

Yellow Pepper

Zz

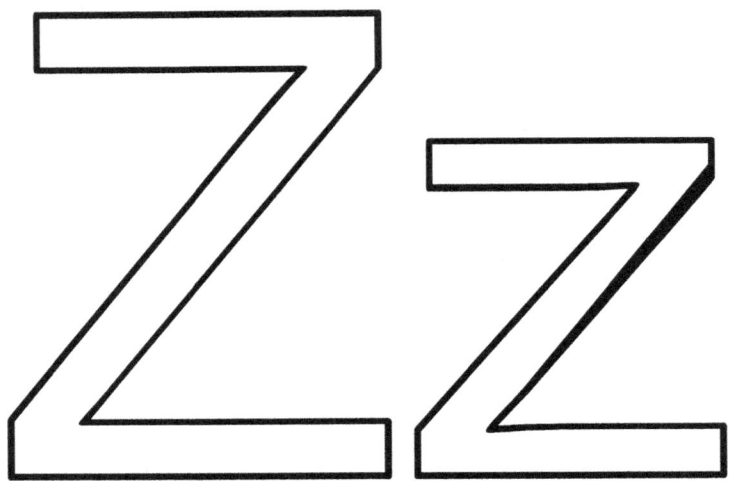

Trace the letters with a pencil

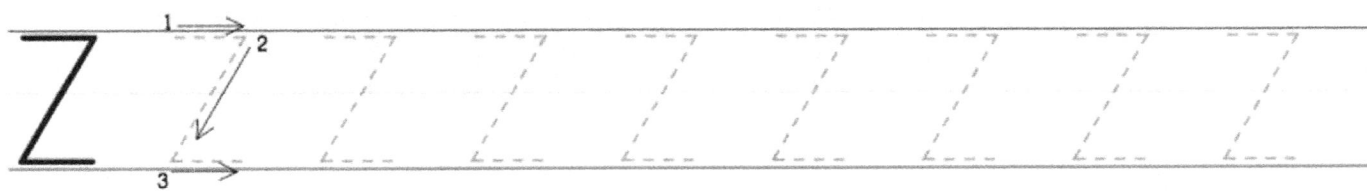

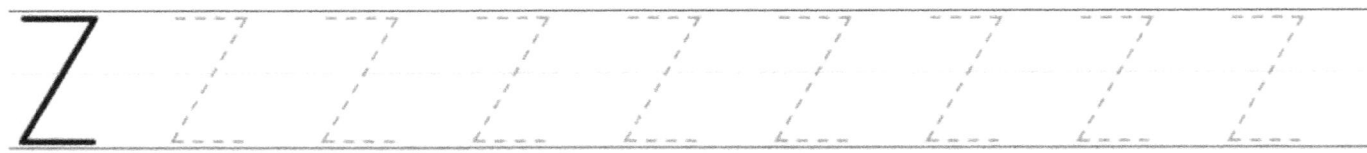

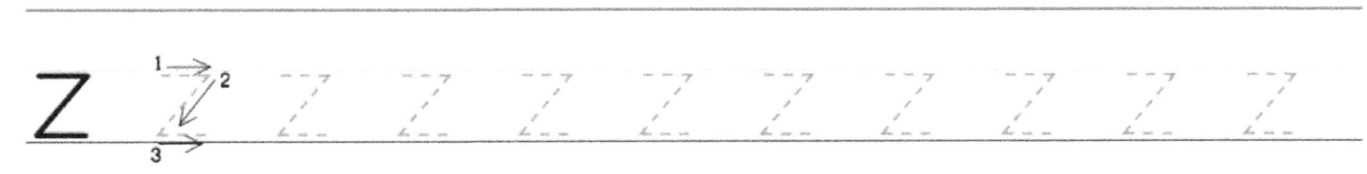

Z

Z

z

z

Zucchini

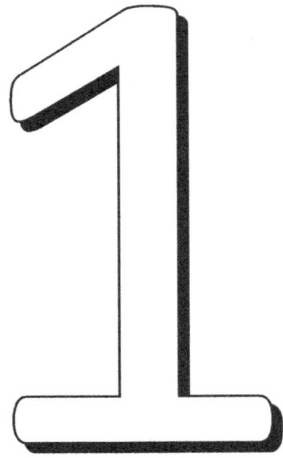 

 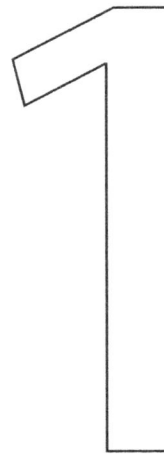

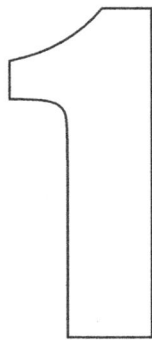 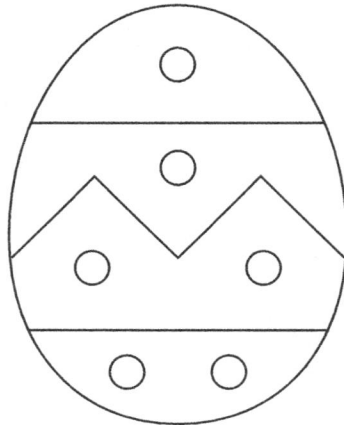

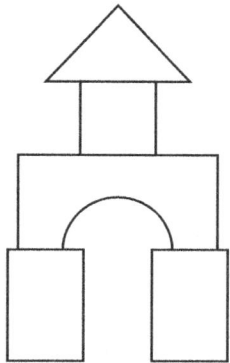 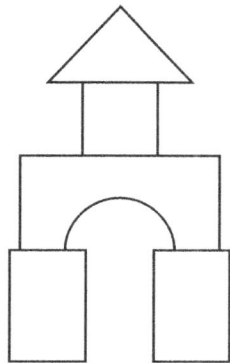 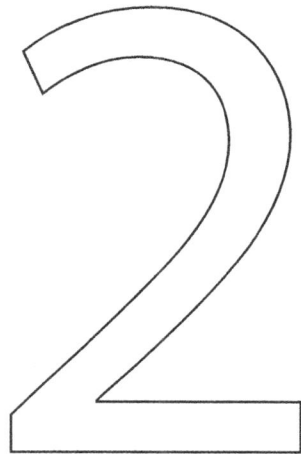

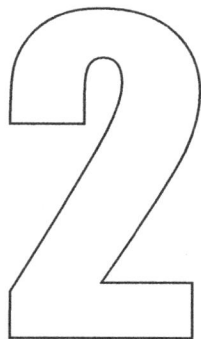  

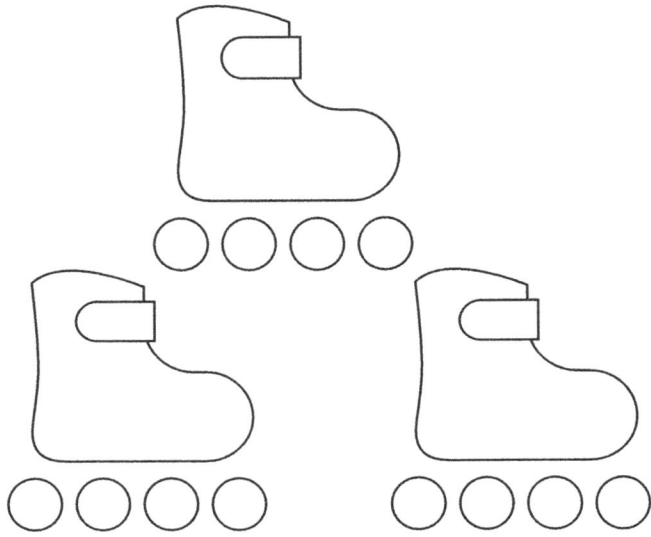

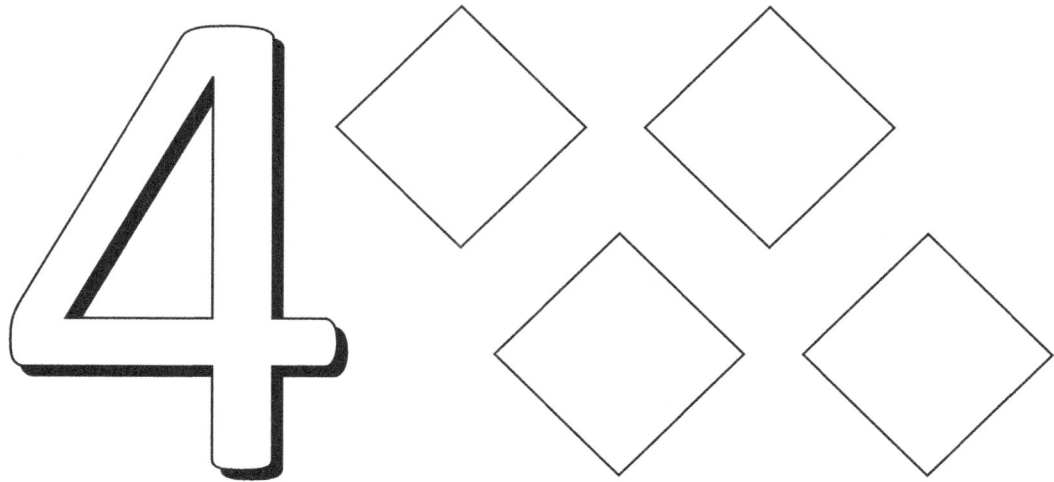

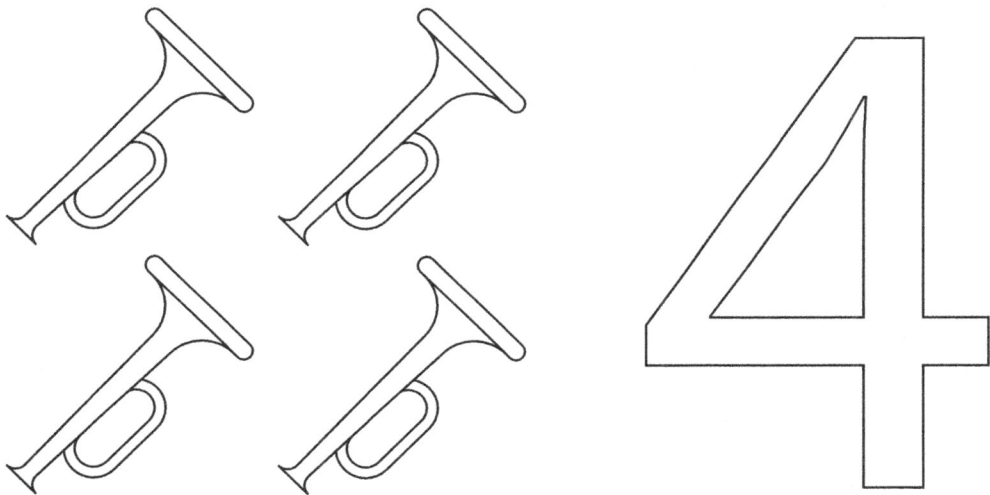

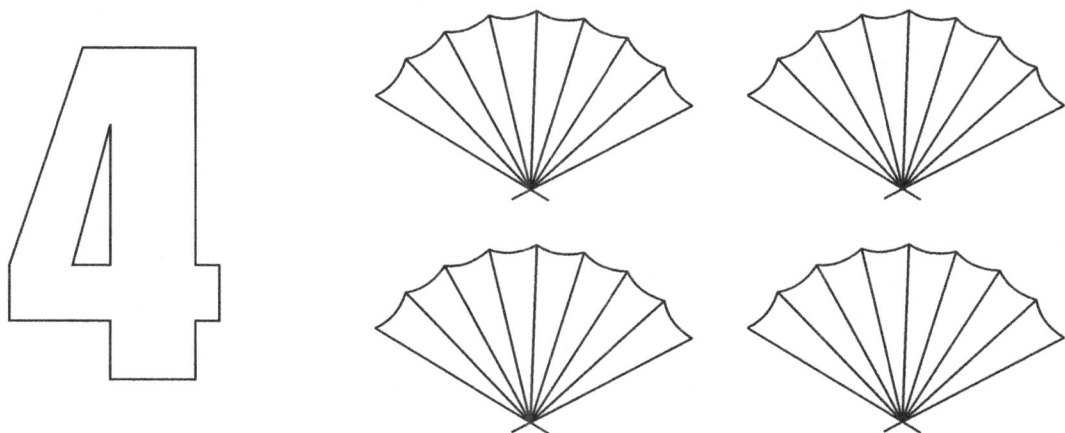

5

 5

5

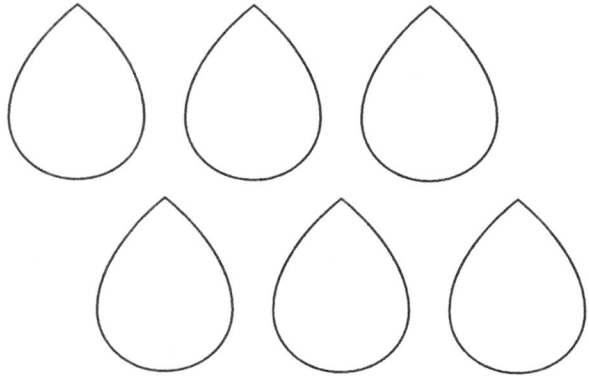

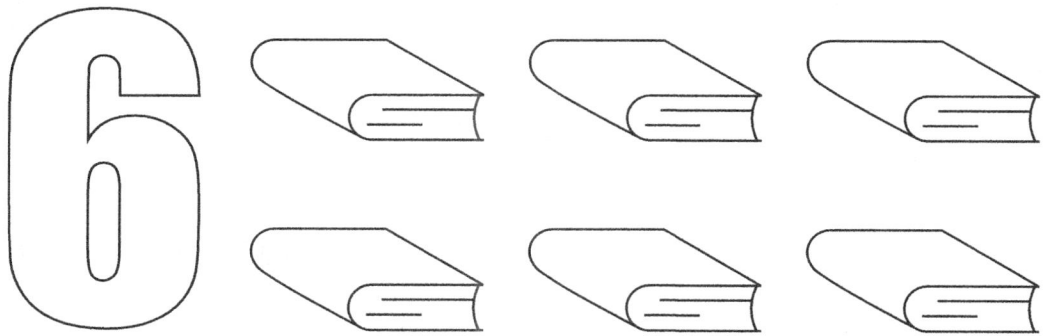

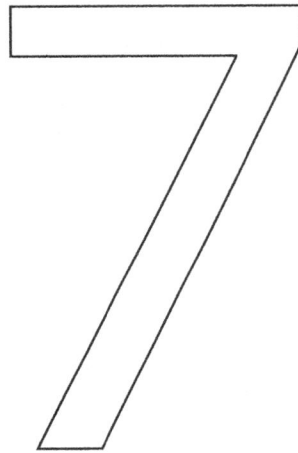

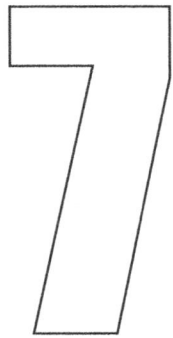

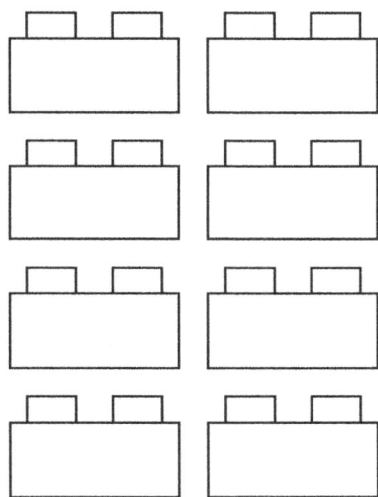

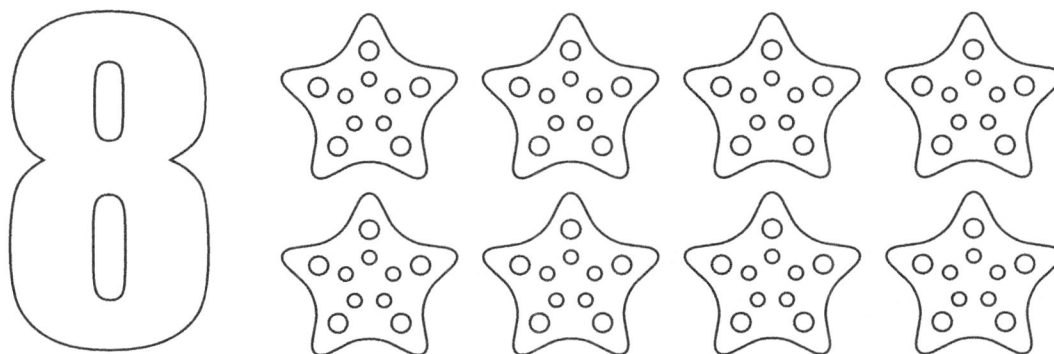

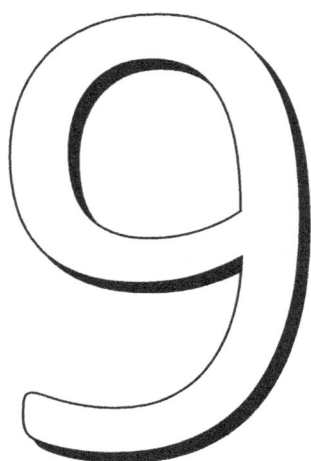 

 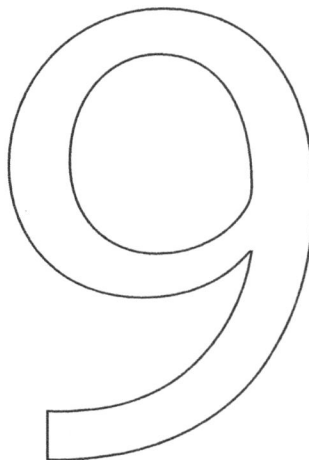

10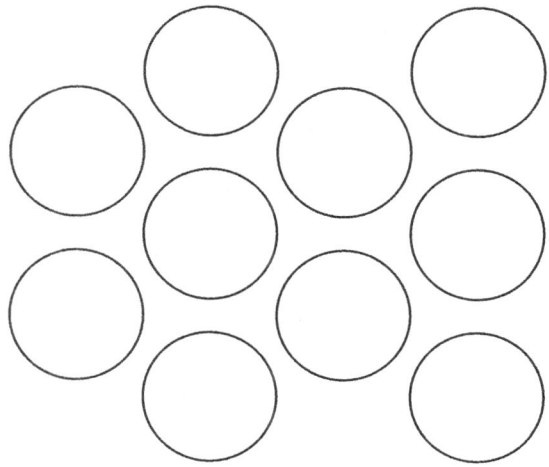

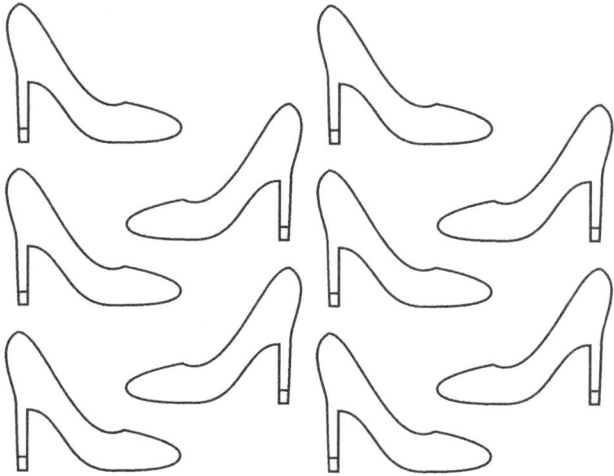 10

10

 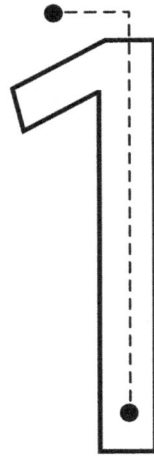

 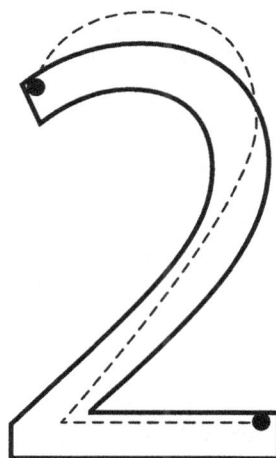

3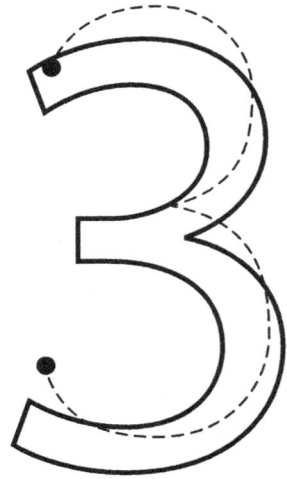

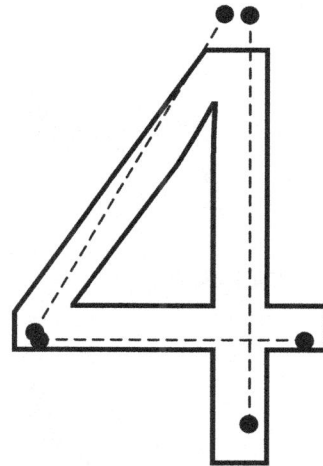

5 5

 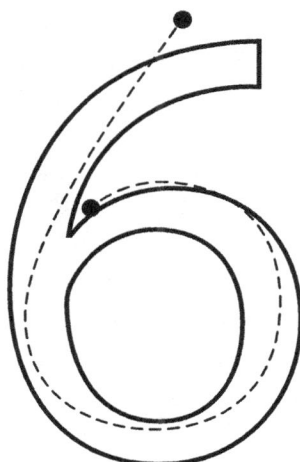

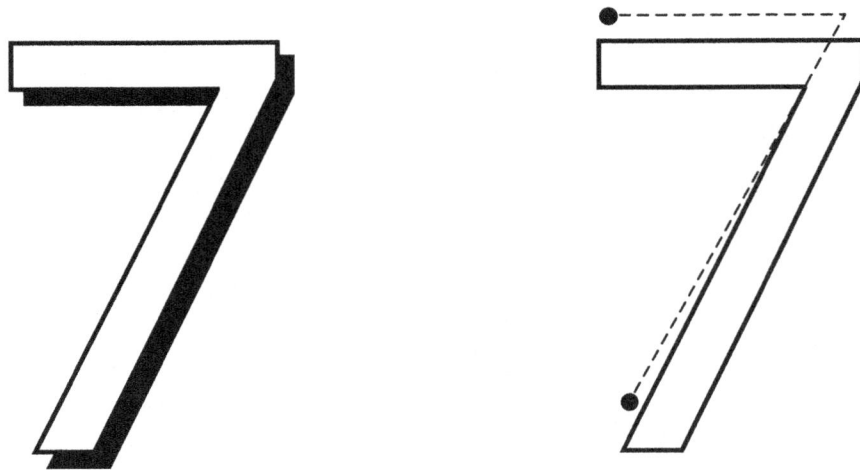

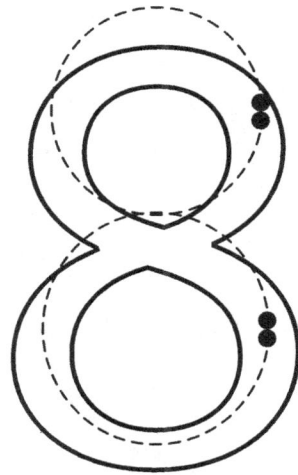

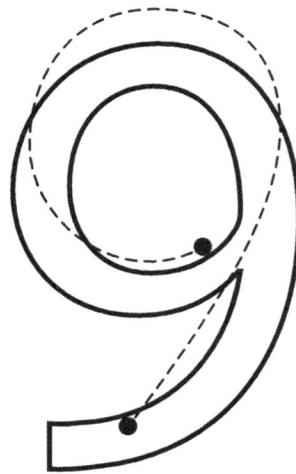

10 10

Aa Bb Cc Dd Ee
Ff Gg Hh Ii Jj Kk
Ll Mm Nn Oo Pp
Qq Rr Ss Tt Uu
Vv Ww Xx Yy Zz

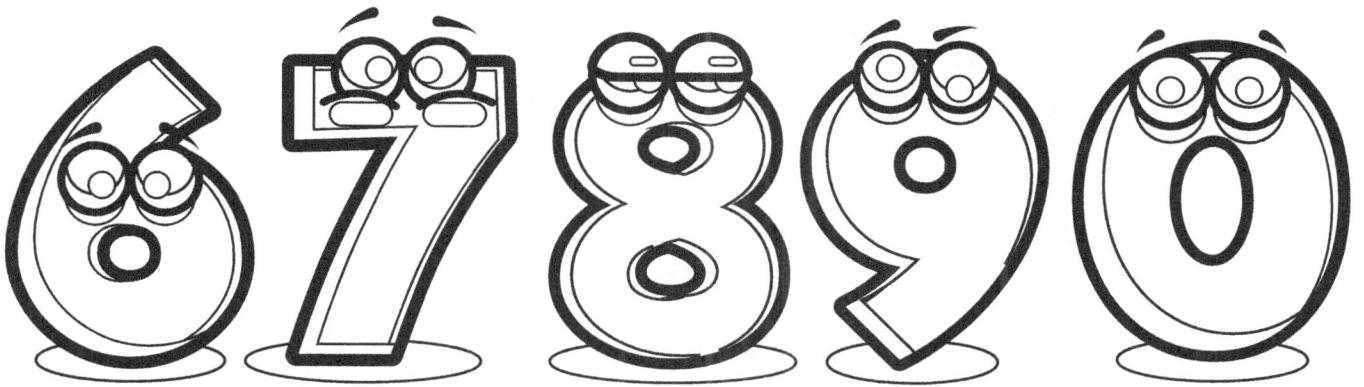

Congratulations!

Made in the USA
Coppell, TX
18 December 2019